EL MICALET GALÀCTIC

bromera

EL MICALET GALÀCTIC

COL·LECCIÓ DIRIGIDA PER JOSEP A. FLUIXÀ

ÚLTIMS TÍTOLS PUBLICATS DE LA SÈRIE CREMA - A PARTIR DE 8 ANYS

37. *El savi Ciril.* Mercé Viana / Rosa Ana Crespo i Quique Soler
40. *Les lletres fan fugina.* Enric Lluch / José Maria Lavarello
52. *L'àngel Propulsat i el dimoni Emplomat.* Enric Lluch / Antonio Espinar
53. *La història de Vilafartera.* Vicent Marçà / Horacio Elena
57. *El cas misteriós de la lletra malalta.* Mercé Viana / Anna Miralles
62. *Quines bèsties!* Antoni Albalat / Gerard Miquel
63. *Un pintor molt guai.* Mercé Viana / Paco Giménez
64. *Pometa dolça.* Enric Lluch / Inés Luz González
65. *Qui t'ha dit que el món era blanc?* Maria Jesús Bolta / Vicente Javier Villena
66. *Els animals agraïts.* Llorenç Giménez / Anna Roig
73. *Bum-bum! El fantasma esvalotat.* Mercé Viana / Felip Baldó
76. *El color del blat.* Eva Dénia / Sebastià Dénia
79. *Mira quina estrella.* Maria Jesús Bolta / Josep Vicó
83. *Silvèrius Flautus.* Enric Lluch / Juanjosé Cortés
91. *La fada dels somnis.* Mercé Viana / Ramon Pla
94. *Les aventures de Potaconill.* Carles Cano / Paco Giménez
103. *Alícia en el país del xocolate.* Xavier Mínguez / Ada García
109. *Un quixot amb bicicleta.* Enric Lluch / Pablo Olivero
113. *Contes d'Andersen.* Hans C. Andersen / Valentí Gubianas
120. *Jo Tirant, tu Carmesina.* Enric Lluch / Toni Cabo
123. *Julieta, Romeo i els ratolins.* Mariasun Landa / Marie Nigot
127. *El secret de les cinc llegendes.* Llorenç Giménez / Esperança Martínez

Hi ha unes *Propostes didàctiques*, referides a aquest llibre, que es poden descarregar de manera gratuïta des de la pàgina web www.bromera.com.

Títol original: *El castell del Rel i el secret de les cinc llegendes*

Disseny de la col·lecció: *Enric Solbes*
Impressió: *Guada*

1a edició: *març, 2007*
ISBN: *978-84-9824-018-4*
DL: *V-1109-2007*

PAPER ECOLÒGIC
TCF LLIURE DE CLOR

EL MICALET GALÀCTIC

El secret de les cinc llegendes

Llorenç Giménez

Dibuixos d'Esperança Martínez

Diuen que entre les parets i els aljubs del castellet de Rel, al poble d'Olocau, es troba el tresor d'un rei musulmà de València. Ni tan sols el Cid no el va poder trobar, quan fa un grapat d'anys va conquistar el castell.

Han passat anys i panys d'això. I no fou sinó en les festes de Sant Antoni d'enguany que, devora la foguera, un home gran em va contar la història següent.

«A la mitjanit de les nits de Sant Joan, s'obri una porta secreta d'alguna banda del castell.

Aleshores, ixen uns donyets amb unes torxes que semblen llumins, acompanyant i seguint una cabra de pell roja. La cabra, però, no és una cabra, que és una princesa mora encantada.

Aquesta processó es passeja per l'aire en llarga i fantàstica desfilada, mentre toquen les dotze batallades de la mitjanit, és a dir, dotze llargs segons a tocatoni. Durant aquest temps, que va del primer a l'últim toc, qualsevol humà, siga dona o home, xiqueta, xiquet, jove o vell, del poble o foraster, té l'oportunitat d'entrar per aquella porta i provar d'aconseguir el tresor.

Aneu-hi tranquils, mentrimentres la princesa encantada i el seu seguici fan un tomb fins a la torre d'Olla, lloc d'amors oblidats abans del seu encanteri.

Però, si algú s'atreveix a entrar-hi, haurà de baixar l'escala dels nou graons de pedra roja i,

una vegada arribe al final, acostar-se al pou de pedra picada. Aleshores, haurà d'agafar la corda que penja de la corriola i amb unes quantes braçades poar la clau que hi ha al fons de tot. Amb la clau a la mà, i per raons de sortilegis i endevins, podrà veure el cofre de la princesa just sota el forat de l'escala. Ràpidament, haurà d'agafar-lo i enfilar-s'hi amunt més veloç que el llamp, si vol salvar la vida.

Per contra, si no us espavileu i la processó us atrapa a mitjan camí, quedareu empresonats per sempre a dins del castell.»

Sense poder contindre'm, vaig exclamar:

–Tot això en tan poc de temps?

–En dotze segons, ni un de més ni un de menys!

–Això és impossible!

–I tant, encara ningú que estiga viu no ho ha aconseguit!

No sabia si creure-me'l, el vell, però el desfici em rosegava el cos.

El fet és que, als peus del castell de Rel, totes les nits de Sant Joan se senten suaus melodies mores, i la lluna plena reté una llum especial.

De sobte, l'home gran m'allargà un sobre ple de floridures.

–Jas, ací tens la prova! –va dir. I encara va afegir:– Jo mai no he pogut trobar la porta, però sé que existeix de bona veritat!

No vaig saber què dir.

–Potser –continuà explicant el vell– perquè no és sinó amb els ulls del cor que cal mirar una porta encantada.

Amb el sobre a la mà i més neguitós que un nyap de formigues, vaig desaparéixer corrent. Una vegada a casa, vaig obrir el sobre de les floridures i vaig començar a llegir:

Només aconseguirà parar el toc de les campanes aquell que, baixant l'escala dels nou graons de pedra roja, siga capaç de narrar cinc llegendes. Però alerta que toqueu cap graó parell, perquè ràpidament us convertiríeu en presoner de la cabra que no és cabra, que és princesa mora encantada.

Com cada any, vaig tornar al poble pels volts de la festa de Sant Joan. Ja us podeu imaginar amb quina il·lusió.

Uns dies abans del 23 de juny, vaig espigolar cada racó del castell, els murs, els merlets, les entrades i eixides conegudes de la gent, per sota els arbustos de coscolla i alts llentisclers, provant de trobar on era aquella porta encantada. Però tot va ser inútil. No vaig trobar res de paregut a una porta màgica.

Ara bé, des de la nit de Sant Antoni, que tenia el sobre en el meu poder, havia estudiat i

repassat desenes de llegendes. Fins que en vaig triar cinc, una per cadascun dels graons de pedra roja imparells, que no vaig tardar a memoritzar, tal era el deliri que tenia per entrar al castell i aconseguir el cofre de la princesa.

Segons el pla que havia preparat, contaria «Sanxa» al primer graó, «El miracle de l'aigua» al tercer, i al cinqué «Muskilda i Queralt», al seté explicaria «La cova del Canelobre» i, finalment, per al nové havia preparat «Les bruixes de la Plana». Només calia esperar.

Uns minuts abans de la mitjanit de la nit de Sant Joan, arraulit sota l'espessor d'un llentiscler, vigilava els contorns del castell. Per fi va arribar el moment.

El ple de la lluna va lluir d'argent a la torre vella del castell i, de sobte, el mur es va obrir de bat a bat. De seguida, la processó començà el seu seguici envers Olla, antic poblat morisc, amb la cabra roja enmig dels llums de centenars de donyets.

El primer toc de la mitjanit em va despertar l'ànim:

–Dooonnnggg!

–«Au, endavant i que la memòria no et falle!»

D'un bot, em vaig plantar dins el castell i vaig posar els peus al primer graó de pedra roja. De seguida vaig començar el primer relat...

Sanxa

Hi ha, a prop de l'Albufera de València, un pla amb bona pastura al qual els llauradors i pescadors anomenen el Pla de Sanxa. De l'origen d'aquest nom es conta una llegenda...

Fa alguns anys, un jove pastor, de nom Cristòfol, portava el seu ramat a pasturar al Pla. Cristòfol era molt solitari i no buscava mai la companyia d'altres pastors.

Li agradava observar les vores, els marges i els sequials del llac. Coneixia cadascun dels animalons d'aquelles terres, que ell i el seu ramat trepitjaven tots els dies. En les matinades de calma, el sentien cridar:

–Sanxa! Sanxa!

Sanxa era una serp menuda que el pastor va trobar un dia, mig morta, a la vora del camí. La va curar i, des d'aquell moment, mentre esmorzava, ella treia el cap i era obsequiada amb un barralet de llet de les millors cabres de Cristòfol.

Quina cosa més estranya, veritat?

Doncs encara n'hi ha més.

El pastor feia flautes amb les millors canyes dels marges de l'Albufera. En portava de diferents llargàries, i sabia tocar dolces melodies.

Quan Sanxa apareixia, utilitzava el flabiol de son pare, perquè la música feia feliç la serp. Per això ella s'estirava i ballava com si estiguera encantada.

Altres vegades, quan el nostre amic travessava el Pla, o remullava els peus vora el llac, se li enroscava per la cama i li pujava fins al coll. La gent pensava que era un mag.

La serp creixia, i Cristòfol, fet un home, se n'anà a servir de soldat.

Passaren cinc anys. I el pastor tornà al seu ofici, que era el que veritablement estimava. Amb el sarró ben ple, Cristòfol va arribar al Pla de la bona pastura i cridà:

–Sanxa! Sanxa! Sanxaaa!

S'acostà a la vora i, traient el flabiol, tocà la seua melodia més cèlebre. Aquella que feia ballar totes les canyes del terme.

De sobte, davant el pastor, aparegué una, una... Una serpota geganta. S'enfilà ben amunt i tots dos es quedaren mirant-se cara a cara.

En un segon, i amb la mirada, es comunicaren allò que els havia passat durants els darrers anys.

Sanxa s'abraçà a Cristòfol i quasi l'ofegà. Sort que la serpota s'adonà de la seua força i va amollar el pastor. Aleshores, per mostrar la seua alegria, s'enfonsà en l'aigua fent volantins i tombarelles com només ella sabia.

Des d'aquell dia, el Pla de la bona pastura fou conegut com el Pla de Sanxa.

Una vegada acabada la primera llegenda, vaig botar al tercer graó just en l'instant que sonava el segon toc a l'interior del castell.

–Dooonnnggg!

«Funcionava! Aquell missatge de l'home gran funcionava!» El temps s'havia aturat miraculosament.

En un tres i no res, vaig començar la segona llegenda.

El 10 de juliol, festa de Sant Cristòfol, molts dels veïns de l'Alfàs i prou dels d'Altea acudeixen al Racó de l'Albir on, dessota les figueres i els garrofers, guisen i mengen paelles, toquen guitarres i guitarrons i es canta i balla de bona gana. A la vesprada, s'acosten a la vora de l'aigua i berenen. A poqueta nit encenen una foguera i, llavors, conten aquesta història:

El miracle de l'aigua

Conten els més vells de la Marina que, prop de la serra de Santa Pola, hi havia una fonteta d'aigua ben dolça que es trobava molt a tocar de la mar.

Vivia en aquella serra una xica molt bella i encisadora, que s'estimava molt la mar. Desitjava viure a la mar, però no a la vora, no, sinó dins la mar. Tots els dies baixava a un racó que només ella coneixia i, aleshores, plorava en silenci.

Un d'aquells dies, el Sol li va preguntar:

–Per què plores?

–Perquè m'agradaria viure dins la mar.

–Però, això no pot ser! A la mar solament viuen els peixos –va explicar el Sol.

La jove continuà plorant.

A la nit, fou la Lluna groga i redona qui li va preguntar:

–Per què plores?

–Perquè m'agradaria viure dins la mar.

–Però, això és impossible, bella i dolça donzella! Ni pots viure a la mar ni tocar el cel amb la mà. Va, va, no plores més!

La jove no tenia consol i la Lluna va seguir el seu camí.

Tant i tant va plorar la jove, que en aquell racó només conegut per ella va brollar una font, les aigües de la qual davallaren a la platja de l'Antina.

En aplegar les primeres gotes d'aigua a la mar, se li aparegué a la jove un donyet d'aigua salada, que li preguntà la raó d'aquelles llàgrimes.

Ella li ho explicà tot. I en acabant, el donyet marí la va convertir en sirena i la va deixar al mig de la mar.

Ara viu feliç, al fons de la mar.

Però, cada 10 de juliol, la sirena plora i plora, i, per uns instants, l'aigua de la mar és dolça. Almenys, així ho conten a la Marina i així ens ho creiem.

Acabada la història, continua la festa: ballant, cantant i dansant...

Vaig davallar un altre graó satisfet que la cosa anara tan bé, i el tercer toc em va arribar a l'oïda:

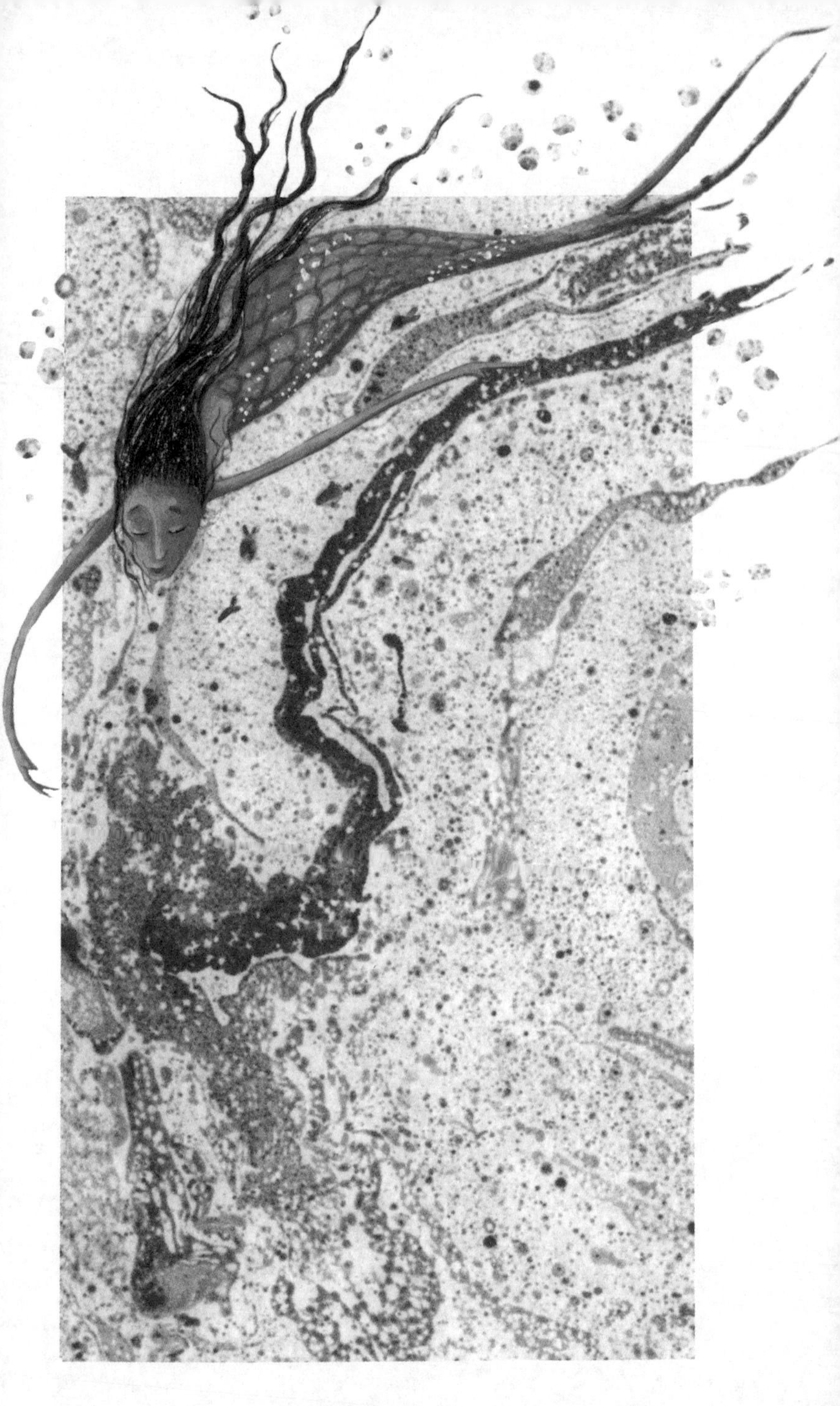

–Dooonnnggg!

Encara no em creia el que m'estava passant. I menys que haguera gosat ficar-me de ple en aquella aventura.

–Dooonnnggg!

Per pensar i no contar vaig perdre el temps del quart toc. Sort que em vaig asserenar i comencí a refilar la tercera llegenda.

Muskilda i Queralt

Hi havia ja fa molts anys, moltíssims anys, entre Xàtiva i la Llosa, una muntanya alta i grossa, i al seu damunt dues ermites, la de Santa Anna i la del Puig.

Guardaven les ermites dues ermitanes. A una li deien Queralt i a l'altra Muskilda. La primera se'n cuidava de Santa Anna, i igualment feia Muskilda amb la del Puig. Com totes dues ermites es trobaven tan juntes, les ermitanes sempre estaven com el gat i el gos.

–Eh, Muskilda, aquest roser et toca regar-lo a tu!

–Queraleta, el meu toc sempre és més fi que el teu!

–Muskilda, la meua ermita llueix més que la teua!

–Mira, Queralt, quants duros he recollit de les almoines!

Cridaven tan fort, en les seuen bregues, que les sentien de tots els pobles de la comarca. Els veïns, cansats de tants crits, anaren a parlar amb els frares, després amb el senyor rector i amb tota la tirallonga, fins a arribar, finalment, a l'arquebisbe.

Però no aconseguiren res de res, per descomptat, perquè Muskilda i Queralt continuaven igual.

Fins que un migdia de tardor, el dia es va convertir en nit, de la tempesta que anava coent-se al cel, i, per primera vegada en la seua vida, Muskilda i Queralt deixaren les dues ermites i baixaren plegades al poble. La gent no s'ho acabava de creure. En arribar a ca l'oncle Xamaril·la, s'acostaren a la llar per escalfar-se i, just en aquell moment, esclafí la tempesta: trons, llamps, centelles, pedra, vent... Ràpidament, Muskilda, Queralt i l'oncle Xamaril·la es recordaren de santa Bàrbara i, amb veu tremolosa, demanaren:

Santa Bàrbara, si vas pel camp
fes cas d'allò que t'estem contant.
Santa Bàrbara, donzella,
deslliura'ns d'un llamp i d'una centella.
Tens feina i no pots dormir
de tres núvols que veus venir:

Un de foc,
l'altre de pedra,
l'altre d'aigua.
El de foc a la mar,
el de pedra a la serra,
i el d'aigua que caiga en terra.

Acabada de dir la pregària, se sentí un esclafit tan esgarrifós que féu trontollar totes les coses de la casa, i del poble, i dels castells de Xàtiva i de Montesa durant uns segons. A l'instant, es va aclarir el dia.

Muskilda i Queralt dinaren amb l'oncle Xamaril·la, i després tornaren a les seues cases.

En arribar prop de la muntanya, però, es van quedar mudes. Amb els ulls oberts com plats. Segurament, els tres núvols, el de foc, el de pedra i el d'aigua, havien caigut just damunt de Santa Anna i el Puig. La gran muntanya s'havia fet en dues de mitjanes, una a la banda de la Llosa amb l'ermita de Santa Anna i la seua ermitana, l'altra a la banda de Xàtiva amb l'altra ermitana.

D'aquesta manera, cadascuna quedà amb la seua casa i amb la seua pròpia muntanya, i no hi hagué més bregues ni crits. I qui vulga veure-ho, que s'acoste per la Costera i ho comprovarà.

Acabada aquesta història, vaig passar al següent escaló sense perdre ni un segon. El cinqué toc el vaig agafar al vol:

–Dooonnnggg!

La cova del canelobre

Un bon dia, dos amics eixiren a pescar de matinada. L'amo de la barca es deia Ximo i era mariner. El seu amic es deia Albert i era llaurador de secà.

A la barca portaven tots els estris de la pesquera i un bon fardell per a esmorzar. Quan el sol s'alçava de la ratlla de l'horitzó i la mar feia l'ona tranquil·la, la barca passava pel davant del cap de l'Horta. En aquell moment, Ximo va dir:

–Albert, has vist que bonica està la serra de l'Home?

–Voldràs dir el Cabeçó! –va replicar el llaurador.

–Els mariners l'anomenem la serra de l'Home, perquè bé que sembla un home gitat de costat –va explicar el mariner–. Però això del Cabeçó, no ho havia sentit mai!

–Com pot ser això, Ximo? No podem avançar ni un rem més, sense que conegues la història del Cabeçó d'Or!

–Vinga, llancem els hams i, mentre esmorzem, m'ho vas contant.

Tant bon punt els hams eren a l'aigua i els dos amics manducaven a mos redó, l'Albert començà el seu relat:

«Això diu que va ser, quan encara vivien molts moros entre nosaltres, ja fa molt i molt de temps, un poble que s'alçava al peu del

Cabeçó. El poble es deia Busot i era habitat per moros i cristians.

Les relacions entre ells no eren gens dolentes. Els cristians manaven, els moros obeïen i tots hi convivien en pau. Entre els moros hi havia un home anomenat Alí, que tenia una filla de nom Gessamina.

Amb el temps, la pau es va acabar i pels pobles dels voltants s'escampà una revolta. Alí comentà a la seua filla:

–Gessamina, les coses van malament i no sé el que em pot passar. Aquesta vesprada portaré a la cova del Canelobre un cofre ple de joies i de monedes d'or. És el nostre tresor. Si em passara alguna cosa, tu podràs viure bé. Jo soterraré el tresor a l'entrada de la cova, al peu d'una roca que és il·luminada pels darrers rajos del dia, abans que el sol no s'amague darrere la Penya de Xixona.

Així ho va fer Alí. Però, en tornar cap a casa, uns homes el van atacar i el van matar.

Gessamina esperà el seu pare, que no tornava. En veure que tardava, mamprengué la senderola que duia a la cova del Canelobre. Caminava de pressa senda amunt. Però, en arribar a la gran revolta que fa el camí, va veure estés a terra el cos del seu pare.

Llavors, Gessamina començà a plorar. Breus instants després, va sentir unes veus.

–Els assassins del meu pare! –va pensar ella, i pegà a fugir cap a la cova.

La filla d'Alí coneixia un passadís secret, que el seu pare li havia ensenyat de menuda, quan la portava amunt i avall, per conéixer serres i paratges.

Entrà dins la caverna i s'enfilà per la galeria secreta que, des de la cova del Canelobre, per dins la muntanya, eixia a la mar per la cova del Llop Marí del Campello.

Encara dins el passadís que només ella coneixia, Gessamina va sentir les veus dels seus perseguidors.

Un dels bandolers escridassà:

–Ix, mora, o t'esquarterarem si no ens dius on està amagat el tresor!

Des del si de la muntanya, Gessamina va contestar:

–Maleït siga qui furte el meu tresor, morirà a l'instant com ha mort mon pare!

Aquestes paraules, dites amb tanta amargura i carregades d'odi, ressonaren per la cova amb la força d'un fet sobrenatural.

Els assassins fugiren espantats.

El tresor encara es troba allí, soterrat en un lloc secret de la cova, perquè cap persona no l'ha pogut trobar. Per això el Cabeçó s'anomena d'Or.»

Ximo amb la boca oberta, i Albert amb el dring del tresor rondant-li el cap, acabaren d'esmorzar.

Aquell dia pescaren poc, però Ximo mai més no pogué oblidar aquella llegenda.

Quan vaig acabar, la llum de la lluna es reflectia per damunt l'escala, com si volguera avisar-me que tenia poc temps, potser un pressentiment. Em vaig quedar enlluernat. El rellotge llançà la sisena exclamació de la nit.

–Dooonnnggg!

Vaig botar del seté al nové esglaó i, des d'allí, vaig veure el pou amb la corda penjada de la corriola. Caram!, per un instant vaig estar a punt de llançar-me corrent. Sort que em vaig contindre i em vaig aturar a temps. Una ventada fresca em va subjectar els peus a terra, i m'immobilitzà com una estàtua. Veure el pou de tan a prop va estar a punt de costar-me la vida.

De seguida, vaig començar a narrar l'última llegenda, «Les bruixes de la Plana».

Les bruixes de la Plana

Temps era temps, quan l'aigua de la mar era roja i el tarquim més valuós que l'argent, vivien allà dalt la Plana, vora el cap de Sant Antoni, al terme de Xàbia, unes bruixes.

Les bruixes tenien per costum baixar tots els capvespres al poble, quan el sol no escalfava tant i elles podien anar lleugeres. Encamallades a les seues graneres, fent un vol suau, s'acostaven al poble plenes de goig.

Enfront de la porta de la ferreria, on hi ha el convent de monges, hi havia uns grans oms que ombrejaven l'abeurador. Era un lloc de pas i l'indret preferit d'elles.

Tothom que hi passava havia d'aguantar la burla de les dones endolades. Malgrat tot, mai feien mal a ningú, solament broma. Per fer-se notar encara més, i perquè la gent sabera que se n'anaven, cantaven a cor, totes a una:

–Dilluns, dimarts, dimecres, tres!

I repetien sense parar aquest únic vers, que semblava part d'alguna cançó mal apresa de les seues corredisses per l'ample món.

Un dia, a poqueta nit, passejava per allí un geperut que, sense por de les desgràcies que les velles dels oms li podien fer, es va plantar davant d'elles, a l'espera que, cansades de burlar-se, entonaren la seua coneguda cançó.

Quan arribaren a allò de «dimecres, tres»,

el geperut omplí els pulmons d'aire i, amb veu quasi atronadora, afegí un nou vers a la tonada que acabaven de cantar:

–Dijous, divendres, dissabte, sis!

Sorpresa. Passat el moment inicial d'impressionant silenci, les bruixes de la Plana esclataren en un rebombori festívol, ple de crits i bots d'admiració.

El geperut es quedà de pedra.

Tant els agradà l'afegit a les bruixes, que decidiren premiar l'autor. La bruixa més jove baixà de l'arbre i tocant la gepa del geperut la féu desaparéixer.

L'exgeperut pegà un bot i arrancà a córrer, fent crits i exhibint el seu nou aspecte per tot el poble. A la botiga, a la plaça, a la taverna, pel carrer, tots comentaven el cas. La casa de l'exgeperut era una processó de curiosos que volien comprovar el fet.

Existia al poble un altre geperut que, en saber el succeït, anà a parlar amb el seu amic agraciat. Volia comprovar, per ell mateix, que tot era una mentida i que coses tan estranyes és ben difícil que passen de veritat.

Però després de tocar la nova i preciosa esquena de l'amic, passà el dia pensant què faria, per rebre un premi tan bo.

Ja de nit trobà la solució.

S'encaminà cap a la placeta dels oms i l'abeurador i s'amagà darrere d'un dels arbres.

Però aquell dia les bruixes havien fet poques burles i no n'estaven gens satisfetes. Tot era cantar la seua tornada, assajant-la en diferents tons:

–Dilluns, dimarts, dimecres, tres!

Dijous, divendres, dissabte, sis!

El segon geperut s'esperà una estona que les bruixes acabaren el seu cant i, sense ser vist i fent un gran esforç, cridà amb veu tremolosa:

–I diumenge, set!

–Iaaahhh! –se sentí, com un esgarip eixordador i contundent.

Els oms cruixiren, la lluna s'amagà, emporuguida, darrere el núvol més pròxim. El geperut mudà de color.

Les bruixes odiaven el diumenge. Aquell dia no baixaven al poble, perquè les campanes repicaven tot el dia ensordint l'aire, i, això, a les bruixes, no els agradava gens ni miqueta. Només els quedava per defensar-se el racó més fondo de la cova, on s'amagaven esperant que passara aquella jornada festiva.

–Qui ha sigut? Qui ha sigut? –repetien amb el geni més pudent que podeu imaginar.

–Qui ha sigut? –repetien totes, amb els ulls rojos com la sang.

–Qui siga que isca! –va escridassar la bruixa més vella.

Després d'un silenci tenebrós, el geperut contestà:

–Jo, jo, el geperut! Jo he dit «i diumenge, set!».

En acabar de dir-ho, la bruixa vella sentencià:

–Tota la gepa del primer poseu-li-la a aquest!

I alçant el vol, les bruixes desaparegueren per a no tornar mai més, pel poble ni pels seus voltants.

Però, això sí, si passegeu per la Plana, i trobeu el racó de les bruixes, sentireu la melodia dels dies de la setmana:

Dilluns, dimarts, dimecres, tres,
dijous, divendres, dissabte, sis! I diumenge, set.
I aquesta llegenda s'ha acabat.

Una vegada acabada de contar, la llegenda de la Plana, em vaig acostar al pou. Era de pedra picada. El poal, però, no era al brancalet.

–Dooonnnggg!

El seté toc em recordà que em quedava poc temps. Vaig agafar la corda i, ràpidament, vaig començar a poar. El grinyol de la corriola va trencar el silenci de la nit amb una cançó que només he sentit en aquell lloc màgic del castell:

Entre ballant, ballant,
i isc amb el cul gotejant,
amb el cul gotejant,
i puge plorant, plorant!

–Dooonnggg!

Sense distraure'm, amunt, amunt, vaig deixar anar el vuité toc, irremeiablement.

En traure el poal del pou, aparegué, d'un salt, un donyet d'aigua dolça:

–Si vols aquesta clau encantada, una endevinalla m'hauràs d'encertar!

–Parla, tinc poc temps!

–Paciència, valent, molta calma!

–Dooonnggg!

Nové toc i el donyet sense pressa.

–Vinga, no veus que se m'acaba el temps i se m'escapa la vida!

El donyet, però, amb veu aigualida i després de tants anys esperant aquell moment, recità lentament:

Tres boques i una amb dents,
tu m'entens?

Tres panxes i un melic,
m'has sentit?
Tres culs i un forat,
t'ha agradat?

Pensant pensant, vaig escoltar el desé toc i vaig notar un nus a la gola.

–Doooonnnggg!

«Tres boques..., tres panxes:... Però com vol que l'encerte?»

–Seràs ruc, seràs ruc! Sembla que tingues el cap més buit que un cànter, xicot!

–Això mateix, un ruc amb dos cànters! –vaig cridar, amb el neguit a la veu. Només em quedaven dos tocs i la processó no tardaria a aparéixer.

–Molt bé, xicot! Jas, ací tens la clau!

Vaig enxampar-la com un llamp i em vaig adreçar al forat de l'escala.

La història de l'home gran era molt certa. Al lloc exacte que havia dit hi havia el cofre de la princesa encantada. D'una forta abraçada el vaig agafar i, enmig de l'onzé toc «dooonnnggg!», vaig començar a pujar l'escala. Del nové graó al seté, d'aquest al cinqué i després al tercer i d'un gran bot em vaig plantar davant l'eixida. Gràcies a això, i a l'estalvi de trepitjar el primer graó, vaig salvar la vida, perquè llavors va sonar el dotzé toc: «Dooonnnggg», just quan la processó iniciava el retorn i l'entrada al castell. Encara gràcies que no vaig tocar a penes la pell de la cabra que no era cabra, que era princesa encantada.

Vaig caure estés a terra, mentre la processó de centenars de donyets, amb les llums de les torxes, custodiaven la cabra roja fins a l'interior del castell. Aleshores, la porta màgica es va tancar i va desaparéixer qualsevol rastre o senyal de pas.

Quan em vaig despertar, al cel lluïen cent mil estreles acompanyant la lluna i el seu ple.

Per última vegada, la llegenda del castell de Rel s'havia acomplert. Ni l'any següent ni els que vindrien, ningú no tindria la possibilitat de veure la princesa ni d'endevinar el secret de la nit de Sant Joan. Perquè el cofre i la clau que l'obria eren en el meu poder.

Em vaig allargar fins a la font de la Salut i vaig fer dos glops d'aigua. Després, més tranquil i davall la Penya, vaig ficar la clau al cofre. Vaig fer set voltes, fins que el pany va cedir. I... meravella de meravelles, embolcallat amb una seda de mil colors, hi havia una, una... No podia ni pronunciar la paraula.

Que què era?

Doncs, un llibre!

Que quin llibre?

Tens sort! Just el que tens a les mans i acabes de llegir: *El secret de les cinc llegendes*.

ÍNDEX

Del mateix autor

Els animals agraïts
de Llorenç Giménez
Dibuixos d'Anna Roig
ISBN: 978-84-7660-452-6
«El Micalet Galàctic», 66
Sèrie Crema
A partir de 8 anys

Cada dia, els animals del bosc viuen mil i una aventures. Per això, quan arriba la primavera, es reuneixen, durant set nits i un dia, en el Gran Aplec dels Animals per tal de contar totes les històries, reals i solidàries, que han viscut durant l'any.

Del mateix autor

Els acudits de Llorenç
de Llorenç Giménez
Dibuixos d'Inés Luz González
ISBN: 978-84-7660-766-4
«El Micalet Galàctic», 90
Sèrie Roja
A partir de 10 anys

Llorenç Giménez és un contacontes ben conegut per a grans i menuts. Un bon grapat d'acudits i anècdotes que narrra i inventa el podreu trobar en aquest divertit llibre.

Altres títols en la mateixa col·lecció

Les aventures de Potaconill
de Carles Cano
Dibuixos de Paco Giménez
ISBN: 978-84-7660-805-0
«El Micalet Galàctic», 94
Sèrie Crema
A partir de 8 anys

Potaconill és un conillet molt simpàtic i diferent de tots els altres que viuen a la seua illa. Un dia es fa amic d'un ànec i d'una mosca, i se'n van a córrer món junts. Potaconill i la mosca Picapoc arriben a un lloc molt estrany, ple de personatges fantàstics: un drac que sempre està banyat, una llebre que té un tauler d'escacs pintat a la panxa... Potaconill s'aventura en aquest món, i li succeeixen tot de fets estranys fins que aconsegueix tornar a casa.

Altres títols en la mateixa col·lecció

Alícia en el país del xocolate
de Xavier Mínguez
Dibuixos d'Ada García
ISBN: 978-84-7660-849-4
«El Micalet Galàctic», 103
Sèrie Crema
A partir de 8 anys

En barra, desfet, en pols, blanc, negre... a Alícia li encanta el xocolate en totes les seues formes, però sa mare no li'n deixa menjar. Desesperada, descobreix una fórmula ben curiosa per a aconseguir aquest dolç: es tracta de viatjar al món de les històries fantàstiques sobre el qual tant li agrada llegir. Així, coneix la vertadera cara dels seus personatges preferits, com la Caputxeta Roja o Pinotxo, en una història plena d'humor que aprofita els contes de sempre per a mirar-los amb uns ulls diferents.